JOURNAL INÉDIT

DU

VOYAGE DU SERGENT LA HAYE

DE

CAYENNE AUX CHUTES DU YARI

1728-1729,

PAR

Le Baron Marc de VILLIERS.

Extrait du *Journal de la Société des Américanistes de Paris*,
Nouvelle série, t. XII, 1920, p. 115-126.

AU SIÈGE DE LA SOCIÉTÉ
61, RUE DE BUFFON, 61.

—

1920

PRINCIPAUX ARTICLES PARUS

DANS LE

JOURNAL DE LA SOCIÉTÉ DES AMÉRICANISTES

DEUXIÈME SÉRIE

TOME V (1908).

E.-T. HAMY. Les voyages de Richard Grandsire de Calais dans l'Amérique du Sud (1817-1827). — E.-T. HAMY. Les Indiens de Rasilly (1 pl., 6 fig.). — J. HUMBERT. Les documents manuscrits du British Museum relatifs à la colonisation espagnole en Amérique et particulièrement au Vénézuéla. — R. BLANCHARD. Les tableaux du métissage au Mexique (2 fig.). — M. de PÉRIGNY. Yucatan inconnu (3 pl., 2 fig., 1 carte). — M. GONZALEZ DE LA ROSA. Les Caras de l'Equateur. — M. DE PÉRIGNY. Les dernières découvertes de M. Maler dans le Yucatan. — E.-T. HAMY. La corbeille de Joseph Dombey (1 fig.). — Ed. SELER. Costumes et attributs des divinités du Mexique selon le P. Sahagun (14 fig.). — CAPITAN. Le XVI⁰ Congrès international des Américanistes. — H. BEUCHAT et P. RIVET. La famille linguistique záparo. — P. RIVET. Note sur deux crânes du Yucatan (4 fig.). — G. DE LA ROSA. A propos de la redécouverte de la ville antique de Choquequirao. — G. PERRIER. La figure de la terre.

TOME VI (1909).

H. VIGNAUD. L'ancienne et la nouvelle campagne pour la canonisation de Christophe Colomb. — R. BLANCHARD. Survivances ethnologiques au Mexique (12 fig.); Sur quelques géants américains (2 pl., 1 fig.). — L. DIGUET. Histoire de la cochenille au Mexique (7 fig.). — Ed. SELER. Costumes et attributs des divinités du Mexique selon le P. Sahagun (suite) (30 fig.). — P. RIVET. Recherches anthropologiques sur la Basse-Californie (20 fig., 1 carte). — G. HERVÉ. Remarques sur un crâne de l'Ile-aux-Chiens, décrit par Winslow (1722) (5 fig.). — Mᵐᵉ BARNETT. Etude technologique d'un tissu péruvien antique (1 fig.). — E.-R. WAGNER. La légende du Cacuy. — R.-D. WAGNER. Un huaco figurant un cas pathologique.

TOME VII (1910).

L. DIGUET. Le maïs et le maguey chez les anciennes populations du Mexique (2 pl., 7 fig.). — R. BLANCHARD. Encore sur les tableaux de métissage de Musée de México (9 pl., 1 fig., 6 graphiques). — TH. KOCH-GRÜNBERG. Die Uitóto-Indianer. Weitere Beiträge zu ihrer Sprache. — H. VIGNAUD. Les expéditions des Scandinaves en Amérique devant la critique. Un nouveau faux document. — Mᵐᵉ A. BARNETT. Etude sur le mode de fabrication des frondes péruviennes antiques. — R.-D. WAGNER. Massacre de Jules Crevaux d'après les dires d'un chef Toba. — A. PECCORINI. Dialecte Chilanga. — C.-V. HARTMAN. Le cabelassier de l'Amérique tropicale (Crescentia Cujete). Etude d'ethnobotanique (4 pl., 1 fig.). — E.-R. WAGNER. La légende du « Cit-priu ». — ALEX. F. CHAMBERLAIN. Sur quelques familles linguistique peu connues ou presque inconnues de l'Amérique du Sud (1 carte). — C.-E. PORTER. Les études anthropologiques au Chili. — P. RIVET. Les langues guaranies du Haut-Amazone; Sur quelques dialectes panos peu connus.

TOME VIII (1911).

M. DE PÉRIGNY. Les ruines de Nakcun (3 pl., 1 carte, 2 fig.). — L. DIGUET. Idiome Huichol. Contribution à l'étude des langues mexicaines (1 carte). — E.-R. WAGNER. La chasse chez les Indiens Baticola (1 pl.). — CAPITAN. Le XVII⁰ Congrès international des Américanistes (congrès du Centenaire), tenu à México du 7 au 14 septembre 1910. — H. VIGNAUD. Améric Vespuce, ses voyages et ses découvertes devant la critique. — Mᵐᵉ ZÉLIA NUTTALL.

JOURNAL INÉDIT

DU

VOYAGE DU SERGENT LA HAYE

DE

CAYENNE AUX CHUTES DU YARI

1728-1729,

PAR

Le Baron Marc de VILLIERS.

Extrait du *Journal de la Société des Américanistes de Paris*,
Nouvelle série, t. XII, 1920, p. 115-126.

AU SIÈGE DE LA SOCIÉTÉ
61, RUE DE BUFFON, 61.

1920

JOURNAL INÉDIT
DU VOYAGE DU SERGENT LA HAYE
DE CAYENNE AUX CHUTES DU YARI
1728-1729,

Par le Baron Marc de VILLIERS

L'histoire des premières explorations méthodiques de la Guyane française est encore assez peu connue, et bon nombre de relations de voyages accomplis à la fin du XVIIe siècle, ou dans la première moitié du XVIIIe, restent enfouies dans les archives.

Leur publication nécessiterait près d'un volume ; aussi, malgré l'intérêt très réel d'un certain nombre de ces récits d'explorations, tels que la *Relation de la rivière Ouiapoco*, faite par La Motte-Aigron en 1688, la *Description des rivières d'Aprouague et d'Ouyapocq* de Claude Courant (1716), le *Journal du voyage des rivières d'Oyac et d'Orapus*, par le chevalier d'Audiffredy (1731), nous devons nous borner à publier le journal du plus curieux et du plus intéressant de tous ces voyages, celui qui, en 1729, fit découvrir au sergent La Haye les grandes chutes du Yari, que, cent cinquante ans plus tard, le docteur Crevaux baptisait du nom de Chutes du Désespoir.

En 1895, M. Henri Froidevaux a publié une étude extrêmement bien documentée sur les *Explorations françaises à l'intérieur de la Guyane pendant le second quart du XVIIIe siècle (1720-1742)* [1]. L'auteur, bien qu'il ne connût le voyage de La Haye que par une lettre de M. de Charanville et un court résumé des résultats de l'exploration, inséré dans un *Mémoire des irruptions des Portugais du Para sur les terres de la Guiane dépendantes de la France* [2], est néanmoins parvenu à reconstituer très exactement l'itinéraire du vaillant sergent.

Avec trois compagnons seulement, Jacques des Sauts [3] et les soldats

---

1. Imprimerie nationale. Extrait du *Bulletin de géographie historique et descriptif*, 1894.

2. Bibl. nat. ms. fr. n° 6236, p. 13-18.

3. Jacques des Sauts, qui mourut centenaire en 1777, a eu sa légende. On a dit

La Dorée et Léveillée, La Haye fit un voyage tout a fait remarquable pour l'époque. Une des meilleures et des plus récentes cartes de la Guyane, gravée en 1899, marque encore tout le cours du Couyary en pointillé et n'indique aucun de ses affluents, appelés par la Haye le Kure-Kure et le Sapata.

Le journal du sergent, confirme également, ce que l'on savait déjà, qu'il prit possession du cours du Couyary au nom du roi de France, et ce document *authentique* aurait pu être un argument très sérieux lors du règlement du Contesté franco-brésilien.

Compte du Journal du voyage que moy La Haye, sergent de la garnison de Cayenne, ai fait par ordre de M. de Charanville pour la découverte du lacq de Parime.

Le premier jour de décembre 1728 [1], je partis d'Oyapoc ; le septième jour, nous avons arrivé à Aoripa où nous avons fait des vivres et avons acheté un canot pour le service du Roy. Le neuvième jour avons arrivé à l'embouchure du Camoupis où nous avons payé des Indiens et des canots pour charroyer des vivres.

Le 23, nous avons arrivé chez les Pirioü ; partant de là, nous avons trouvé une crique. Une journée avant que d'y arriver, nous avons découvert une crique Eriny [2], qui donne dans l'Araoua de laquelle je me suis informé. Les Indiens de notre équipage, à grand peine, nous ont dit qu'elle allait à Marony, mais qu'il y avait un peu à marcher par terre ; elle est sur la droite en montant.

Le vingt-quatrième jour, avons monté par un saut qui est effroyable par sa hauteur et par sa rapidité. Le 25, nous avons commencé à marcher avec nos vingt-cinq Indiens.

Le deuxième jour de marche, nous avons passé par dessus une montagne assez rapide laquelle, sur son sommet, est comme une plateforme de rochers où il n'y croît que des aziers. De dessus cette plateforme, on découvre deux autres montagnes yaroupis, une qui est fort éloignée de celle-ci et l'autre, qui en paraît fort près, n'est que de rochers de grizons,

que sa vie aurait donné à Chateaubriand l'idée de Chaktas ; le baron Alibert, dans sa *Physiologie des Passions* (Le soldat de Louis XIV) en a fait le type de l'homme de la nature et M. F. Denis, un véritable Robinson. Consulter sur ce personnage les *Mémoires* de Malouet (2e édition t. I, p. 129, et II, p. 399). Le nom de La Dorée ou Le Darié se trouve orthographié de diverses façons.

1. Ce document, sur lequel se trouve écrit « Provenance de M. de Coëtlogon », est conservé aux Archives hydrographiques, vol. 77, n° 6.

2. Le Tamauri ?

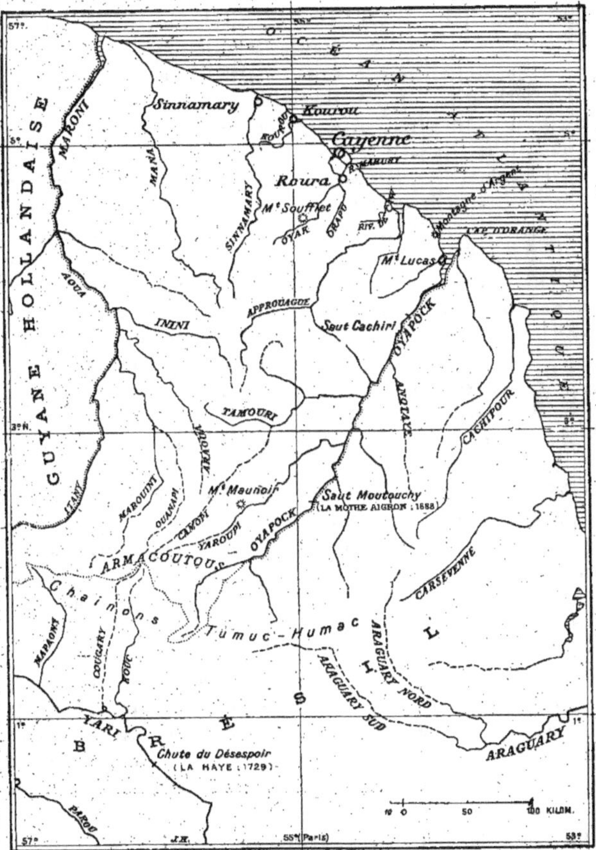

Carte de la Guyane pour suivre le voyage de La Haye.

mais monstrueuse et fort à pic. Il est impossible à l'homme de la monter sans prendre bien des mesures. Il n'y a ni arbres ni aziers qu'un petit bouquet d'aziers sur sa tête [1]. Je voulus l'aller voir au pied, mais les Indiens m'ont cherché mille difficultés soit de crainte d'y aller ou autre chose, me représentant que cela nous détournerait de deux jours, et que les vivres nous manqueraient. Nous avons continué notre chemin fort fatigués par rapport aux montagnes qu'il nous fallait monter à tout moment qui étaient fort à pic. Nonobstant cela, les chemins ne sont frayés aucunement et au bas de ces montagnes il ne se trouve que des marécages par lesquels il faut passer.

Le 20 décembre 1728, le sixième jour de marche, nous avons traversé la rivière du Camoupis qui est fort petite à sa source ; elle sort d'une montagne qui est fort grosse. Le même jour nous avons traversé la source du Cougary, qui se trouve entre le Camoupis et le Oyapoc, que nous avons trouvé le lendemain matin et septième journée, qui ne paraît pas presque pas bien plus petit que le Camoupis.

Aussitôt que l'on l'a passé, on trouve une grande confusion de cacaos à droite et à gauche, pendant lesquels nous avons marché une grande journée, et tous les arbres que l'on découvrait, n'étaient que de cela.

Le lendemain, premier jour de janvier 1729, nous avons trouvé une rivière que les Indiens appellent Maraony (Maronini) et qui s'écoule, à ce que disent les Indiens à Suriname ; et de vieux Indiens Armacoutoü le disaient aussi. Cette même journée nous sommes arrivés chez eux bien laids et bien faibles ayant été un jour et demi sans manger. Nous avons trouvé les Indiens fort affables et paraissant joyeux de voir des Français. Nous nous sommes informés s'il y en avait d'autres ; ils nous ont dit que non et nous leur avons demandé si le Cougary était éloigné d'eux ; ils nous ont répondu que non. Nous sommes allés le visiter avec eux ; après quoi, je résolus de faire deux canots pour le visiter ; je pris le parti de congédier quinze Indiens de notre équipage ; je n'en conservai que dix pour rester avec nous qui paraissaient de meilleure volonté. Je me trompais en ayant gardé deux qui ne cessaient de parler contre nous, et ces deux-là même m'avaient demandé à rester avec nous, particulièrement un nommé La Gernoulie, Piriou, qui ne cessait de défendre aux Armacou-

1. A comparer avec le *Journal* de Caperon publié par M. Froidevaux (*loc. cit.*) : « Le mardi 26 décembre 1731... j'ai trouvé, sur la gauche, une montagne fort haute à distance de cent pas du bord de la rivière... sur le sommet, il y a un petit bouquet d'arbres fort petits... De dessus la montagne, j'ai découvert plusieurs autres montagnes, dont je crois en avoir reconnu une pour être la montagne de Mahuri. » Caperon était parti avec l'intention d'exploiter la forêt de cacaoyers découverte par La Haye, mais il arriva à une époque où les noix n'étaient pas encore mûres.

toü de nous montrer le chemin, et de rien nous dire ni enseigner, jusqu'à leur dire que si nous étions entêtés d'aller voir la rivière, de dire qu'ils n'avaient pas de vivres, ce que les Armacoutoüs n'ont pas manqué de dire quand une grande partie ont été arrivés où nous étions. Je leur donnai à chaque capitaine un chapeau ; nous nous sommes informés d'eux d'où s'écoule le Cougary ; leur ayant été défendu, ils nous ont parlé tout à rebours, nous faisant des monstres de cette rivière, nous représentant qu'à cent journées de là nous trouverions les passages bouchés, que ce serait une chute d'eau épouvantable, que le poisson se tuait en y tombant et que l'eau reparaissait par dessous une voûte, et que dessous cette voûte, il n'était rempli que de serpents monstrueux qui courraient après nous. Nous leur avions dit — Nous traînerons nos canots par dedans le bois — Ils nous ont répondu que c'était impossible, que c'était une grosse montagne de chaque coté et qu'il y avait des tigrés monstrueux qui étaient faits comme des mâripoures (tapirs), avaient les jambes de même et les pieds, le poil noir et de la même grosseur que le maripoury ; qu'ils sifflaient de même.

Ils disaient aussi que les Portugais venaient au pied de ce saut, et qu'ils s'en retournaient. J'ai été incrédule à tous ces discours et les traitáis de menteurs, de peureux et de canailles. J'ai fait abattre un arbre de douze pieds de tours, pour faire un canot. Les mauvais Indiens, voyant cela, prirent le parti de repartir et débauchèrent deux autres de nos gens qui ont emporté la traite du Roi que nous leur avions donnée pour ne nous point quitter et travailler au canot. Si nos Caranes en avaient fait autant, nous aurions été obligés de nous en retourner, mais ils ont toujours été fidèles. Nous avons été obligés d'abandonner notre grand canot pour en faire deux petits de bois mou, parce que les Indiens sont faciles à croire les suppositions telles que les autres leur disaient. Jamanon, tel était le nom d'un Caranne, nous avertit de ces fourberies et de ces canailleries d'Indiens, ce qui nous réconforta.

Nous avons payé trois cents cassaves à (?) cinq Courcouroux de Vicquoü pour marcher dans la rivière. Depuis l'on nous a nommé une nation nommée les Namycoüanne[1] qui ont des oreilles qui leur tombent sur les épaules, et qui n'est guère éloignée de chez les Armacoutoü.

Le 12 février 1729, nous sommes partis de chez les Armacoutoüs pour visiter le Cougary. La première journée nous avons trouvé une rivière qui est aussi grande que le Cougary, qui se jette dedans et que les Armacoutoü comment Kiere-Kiere. La seconde journée, nous en avons

---

1. Voir la lettre du Père Lombard, sur les Indiens à longues oreilles, nouvellement découverts (Amikouanes). *Choix de lettres édifiantes*, 1837, t. 6, p. 438.

trouvé une autre qui n'est pas tout à fait si grande, qui est sur la gauche et se nomme Sapata.

Le troisième jour, nous en avons trouvé une sur la main gauche proche un grand saut qui se nomme Couréné. La rivière du Cougary est fort large et profonde ; il n'y a pas tant de sauts que dans l'Oyapoc, mais, si peu qu'il y en a, ils sont fort rapides. L'on y prend des pacoü monstrueux et fort gros ; la graisse est différente de celle des notres ; elle est jaune : les Indiens disent que c'est une autre sorte de pacoü. Il y a du pirail et de la mara et toutes sortes d'autres gibiers en confusion.

Le quatrième jour, nous avons découvert un habatis, nous avons mis pied à terre pour voir ce que c'était ; nous avons trouvé dans l'habatis des enfants qui se sont mis à faire des cris épouvantables en courant tout en travers. Nous avons couru au calbet qui n'était pas éloigné de là, nous avons vu un homme qui courait épouvantablement ; nous nous sommes saisis des arcs et des flèches qui étaient en abondance. Jacques a aperçu un Indien ; il a parlé trop fort, l'Indien s'est mis à prendre la fuite. Léveillé, Caranne et notre équipage a couru après en l'assurant que c'étaient des Français et que l'on voulait faire Banaré avec eux ; il a continué sa course. Un moment après, il est venu deux vieilles femmes de l'habatis qui ont été fort surprises de nous voir dans leurs Tapoux ; elles ont voulu prendre la fuite, j'ai commandé à Léveillé de les arrêter, ce qu'il a fait. Nous leur avons fait parler par notre Armacoutoü qui entendait un peu leur langage, que nous voulions faire Banaré avec elles et avec leurs gens. Elles ne voulaient pas entendre raison ; elles faisaient des cris horribles et des lamentations appelant leurs gens à leur secours. Nous leur avons donné trois couteaux pour les rassurer. Elles les ont pris et se sont un peu apaisées ; elles se se sont mises à fouiller dans nos poches pour en chercher d'autres. Nous avons cru qu'elles étaient rassurées et nous les en avons laissé s'en aller. J'empêchais que l'on touchât à rien de leurs bagages, espérant qu'ils reviendraient le lendemain. Nous sommes retournés au canot et avons couché de l'autre côté de la rivière espérant de faire Banaré avec eux le lendemain. Nous nous sommes trompés ; nous y avons retourné le lendemain de bon matin ; nous avons entendu un Indien qui parlait seul fort haut. Léveillé s'est mis à crier proche de la case : « Banaré ! Banaré ! N'aie pas peur ; ce sont des Français. » Ils se sont mis derechef à prendre la fuite ; nous nous sommes mis à courir après eux, mais nous n'avons pas pu les attraper. Ils ont abandonné un petit enfant qui n'avait pas plus de quatre ans qui criait après sa mère : nous l'avons emmené au calbet. Il a d'abord adopté Léveillé de son papa ; il avait envie de l'emmener avec nous, je n'ai pas voulu. Néanmoins il le suivait. Quand il a été auprès d'un autre chemin, il tirait Léveillé de ce côté-là, ce qui nous a fait douter qu'il y avait d'autres calbets de ce côté-là. Nos gens m'ont demandé si je voulais qu'ils fussent visiter ; je leur ai accordé, ils y sont allés. Ils ont trouvé huit calbets, à chacun quinze ou seize hommes où il n'y avait personne ; ils n'ont trouvé que des petits enfants qui pleuraient dans l'habatis. Ils sont revenus chargés de plumages. Ils nous ont dit qu'il fallait qu'ils fussent allés chercher du renfort par terre. Nous n'avons pas trouvé de canot à leur degras.

Nous avons continué notre route. Plus tard, sur les cinq heures du soir la même journée, nous avons trouvé un autre degras. Nous avons mis à terre et avons trouvé deux habatis que nous avons parcourus. Nous avons trouvé un chemin que nous avons suivi fort longtemps sans rien trouver. Nous nous en sommes retournés sur nos pas ; nous avons trouvé un autre chemin, nous l'avons suivi ; nous avons trouvé deux calbets. Les Indiens ont passé au travers de l'habatis avec leurs flèches et un couple de fusils, et nous autres avons arrivé par le grand chemin. Je parus le premier, étant sur mes gardes, en criant à eux « Banaré ; Nous sommes Français nous venons pour faire Banaré avec vous. » Un couple de femmes a pris leurs enfants et elles se sont sauvées ; il n'est resté qu'un vieux homme avec sa femme et trois petits enfants qui étaient tout tremblants d'effroi, je leur ai donné deux paquets de rassade pour les rassurer un peu. Il s'est mis à babiller ; nous n'entendions point ce qu'il disait ; nous répétions souvent que nous étions Français et que nous étions leurs Banares.

Ils se sont un peu rassurés. Nous avons fait signe où se trouvaient les autres ? Ils nous ont fait entendre qu'ils étaient à la chasse. Nous avons compté dans les deux calbets vingt hamacs à jour qui avaient près de douze pieds de largeur, ce qui nous a fait douter qu'ils devaient être beaucoup. Après être restés bien longtemps là à considérer leurs grandes oreilles qui leur tombent jusqu'aux épaules, et avec cela, effroyablement laids. Il n'y a que les femmes qui ne les ont pas de même [1], mais toutes découvertes ; nous nous en sommes retournés à nos canots. Il a pris fantrisie à Bourguignon La Darié et Jacques d'y aller coucher et porter avec eux quelques pièces de fer, des couteaux ainsi que du reste. Ils n'ont pas été plutôt au calbet qu'ils ont vu arriver un Indien avec sa femme et ses enfants qui paraissait fort brusque, qui portait une brassée de flèches et apportait un couata [2]. Ils se sont jetés immédiatement sur les pièces de fer de nos gens en faisant des exclamations de joie ; mais ils ne parlaient pas de paiement, ce qui ne contentait pas nos gens. Ils faisaient entendre qu'il fallait attendre le lendemain. Brusquement ils ont pris le reste des

1. Voir la lettre du Père Lombard sur les Indiens à longues oreilles, nouvellement découverts (Amikouanes), *Choix de lettres édifiantes*, 1837, t. 6, p. 438.
2. Singe.

flèches et s'en sont enfuis du côté de la rivière en criant comme des enragés, appelant leurs camarades avec un gros signal qui s'entendait de fort loin. Ce qui donna à penser à tout le monde que cette canaille voulait nous assassiner. La peur prit à notre équipage qui les obligea à nous demander de s'en retourner, — ce que nous n'avions pas envie, — nous faisant entendre que nous voyons bien que les Indiens étaient en confusion dans le Cougary et dans le Yary.

Comme il était fort tard, nous nous sommes résolus de coucher à la belle étoile qui donne de la pluie en quantité dans la saison et dans l'endroit où nous étions. Le lendemain matin, nos Armacoutoü qui nous servaient de guides avaient décampé la nuit de la peur qu'ils avaient eu, ce qui nous a causé grandement de l'inquiétude. Nos Caranes nous ont demandé si nous nous en retournerions. Je leur ai demandé si le Yary était encore loin, ils m'ont répondu que non, ce qui s'est trouvé véritable ; il n'y avait pas plus d'une heure de chemin. Nous avons aperçu deux canots ; nos Indiens nous ont conseillé de les rompre et de les envoyer à la dérive, parce que cela pourrait empêcher de nous prendre en trahison ; ce qu'ils ont fait, voyant qu'ils ne voulaient faire Banaré avec personne.

Le 18 février, nous sommes entrés dans le Yary qui est fort large et fort profond. Je l'ai sondé, il a quatre brasses et demie ou cinq brasses dans son milieu. Je ne puis pas mieux le comparer qu'à la rivière de Mahury pour la largeur. Nous avons descendu deux jours sans trouver aucun saut.

Le troisième jour, nous avons trouvé que ce que les Armacoüioüs avaient dit était véritable. Sur les midi, nous sommes arrivés à un saut épouvantable, bordé d'une grosse montagne sur la droite et d'un morne sur la gauche. L'eau y tombe de plus de soixante pieds de haut à pic. Je montais sur un arbre fort haut sans pouvoir découvrir le bas de la chute qu'une grande fumée que la chute formait. Notre équipage a été visiter par terre ; il nous a rapporté que le saut allait fort loin et qu'ils croyaient que la marée venait au pied. Je leur demandai si l'on pourrait passer les canots par terre ; ils ont répondu quant au travail qu'on pourrait le faire. Nous avons conclu de laisser un de nos canots par rapport à la trop grande peine qu'il y avait. Nous avons resté quatre jours à le hisser tout au bas du saut. Je trouvais des arbres de cacao qui avaient des graines. Nous croyons qu'il n'y avait que le saut, nous nous sommes bien trompés. Sur les trois heures du soir, nous avons trouvé des courants épouvantables qui conduisent à des escaliers de rochers sans trouver aucunement de passage [1]. Nous étions dans la désolation nous et notre équi-

---

1. Cf. Crevaux: *Voyage en Guyane*, 1877, p. 399 (Bulletin de la Société de Géographie, novembre 1878).

page qui nous demandait de nous en retourner ; les Indiens nous repré-
sentaient la force des courants. Je voyais les Indiens qui attachaient leurs
camizas à leurs têtes, d'autres qui avaient des culottes qui les quittaient
aussi, cela nous donna de la terreur.

Je leur demandai ce qu'ils avaient volonté de faire, ils me répondirent
qu'ils allaient à l'aventure. — « Comment vous voulez nous perdre, je
leur ai dit — Vous voulez vous jeter dans des précipices ? Comment
donc F.....! » Ils m'ont répondu. Je leur ai dit de nous mettre à terre du
côté de la terre sûre, espérant de nous sauver en sauvant avec nous
quelques fusils, de la poudre, du plomb et une hache, ce qu'ils ont fait
glissant le canot au travers de plusieurs petites îles, nous avons mis à
terre avec un Indien qui portait une hache et une serpe. Le reste resta
dans le canot pour le descendre comme ils pouvaient le long de la terre
en allant visiter de temps en temps par terre. Nous avons fait cette mani-
gance toute cette journée-là et le lendemain jusqu'à midi où nous trouvâmes la fin du saut ; nous marchâmes tout le reste de la journée assez
tranquillement par canot.

Le lendemain, nous avons trouvé, vers les deux heures du soir, d'autres
courants rapides accompagnés de moyens sauts ; il nous fallut passer
entre de petites îlettes où nous couchâmes.

Le lendemain nous nous embarquâmes bien inquiets, ne sachant où
nous allions, ni nous, ni nos gens ; des aveugles conduisaient les autres.
Deux heures après, nous avons arrivé à bout de notre carte. Nous nous
trouvâmes bornés tout à fait et de tous côtés d'un saut épouvantable
bordé de deux grosses montagnes prodigieusement à pic des deux côtés.
L'eau y tombe si épouvantablement que des gros arbres sur lesquels je
montais tremblaient par secousses. Cela fait dresser les cheveux.

Nos Indiens ont été le long des montagnes pour voir s'ils pourraient
trouver passage, mais ils sont revenus fort tristes nous dire qu'ils avaient
été prodigieusement loin et qu'ils n'avaient trouvé que la même chose
et que c'était inutile de songer à passer par là. Cela nous jeta dans une
consternation épouvantable, ne sachant que devenir ; voyant nos vivres
fort courts, d'un autre côté les sauts et les courants rapides que nous
avions à refouler, le taquaret qui ne trouvait que rarement le fond,
nous primes la résolution, ayant vu les difficultés que nos six Indiens
nous avaient faites la première fois que nous trouvâmes les premiers courants, de laisser notre canot et tous nos bagages pour aller à la garde de
Dieu par terre avec nous, nos armes et nos munitions. Mais nos Indiens
reprirent courage, dirent qu'il fallait remonter par canot tant que nous
pourrions, et, sur le champ, coupèrent, le premier Mars, des taquarets
pour remonter comme nous pourrions.

Nous passions entre de petits ilets. Là où nous allions avec notre canot
de branches en branches, coupant des branches d'arbres pour nous faci-
liter le passage. Nos pauvres Carannes tombaient malades les uns après
les autres de la fatigue et du grand travail. Avec cela, ils ne mangeaient
non plus que nous que de la cassave sèche et à moitié pourrie, n'étant
pas dans la commodité de rien tuer parce qu'il nous fallait passer entre
de petits ilets. Avec cela notre munition étant fort courte, je ne voulais
m'en défaire par rapport à ces canailles d'Indiens qui n'avaient pas voulu
faire Banaré avec nous autres. Entre les deux gros sauts, nous avons
trouvé la rivière qui se nomme Enény qui descend de la Rouris, à ce que
m'ont dit les Indiens.

A force de taquarets, nous avons fini par arriver au premier gros saut,
là où nous avions rasé notre canot pour tâcher de nous alléger. Nous
avons repassé notre canot par terre, nous, aussi bien que les Indiens,
travaillions tant que nous le pouvions. Il nous fallait avoir la plus grande
patience du monde pour souffrir les impertinences que les Indiens de
notre équipage nous faisaient et nous disaient. Quelquefois ils nous faisaient aller à la dérive, là où ils nous ont pensé faire périr dans les sauts.
Quand quelques Blancs qui étaient avec moi leur disaient — « Courage !
enfants, il faut nous rendre », ils nous présentaient leurs pagayes et
leurs taquarets, quoique le plus souvent moi et Bourgignon nous faisions
notre possible pour nous tirer d'embarras. Les canailles voyaient bien
que nous avions besoin d'eux, ce sont les gens les plus ingrats du monde.
Nous nous passions quelquefois de manger de la cassave sèche pour leur
laisser le peu de viande qu'il pouvait y avoir.

A une journée de l'embouchure du Cougary, nous avons trouvé de
vieux ayoupas que les Indiens avaient quittés il y a peu de jours. Nous
avons trouvé un chemin très frayé, nous l'avons suivi près de deux lieues,
croyant trouver quelque abatis pour tâcher d'avoir des vivres et pour
savoir qui étaient ces Indiens-là ; mais il allait trop loin, nous nous
sommes ennnuyés de marcher et sommes retournés sur nos pas rejoindre
notre canot.

Nonobstant cette peine et nos travaux, les vivres nous ont manqué
cette journée-là ; nous ne vivions que de graines de moben, de pois sucrés
qui viennent dans les arbres, de graines de comont, et de quelques
lézards que les Indiens fléchaient. Nous nous sommes résolus de retourner chez les canailles de Namycouane avec leurs grandes oreilles, pour
tâcher d'avoir des vivres d'eux par force ou par bonne amitié, quoique
nous fussions faibles de monde, n'étant que quatre Blancs et quatre
Caranes qui pouvaient venir ; nous n'avions que cela de fusils. J'ai encou-
ragé les Indiens le plus qu'il m'a été possible, et, tous d'un commun
accord, nous y avons été sur les huit heures du matin.

Quand nous avons été proches des calbets, notre équipage commençait à prendre la peur me disant — Nous allons aller par dedans l'abatis nous autres — je les ai encouragés et ils se sont mis à nous suivre. Moi et Bourguignon nous avons avancé les premiers, le fusil bandé car je n'avais pas de confiance à une si grande troupe d'Indiens. Sitôt qu'ils nous ont aperçus, ils se sont mis à s'écrier. Nous deux, voyant cela, nous ne leur avons pas voulu donner le temps de se mettre en défense ; nous avons couru sur eux tant que nous avons pu le fusil en joue. Je leur criai : « Banaré ! Banaré ! ce sont des Français. » — Les uns s'enfuyaient l'arc à la main, les autres jetaient leur arc et revenaient le reprendre, les autres se mettaient presqu'en défense. Je ne savais ce que je devais faire, si je devais tirer ou non. Comme nous étions fort près d'eux et qu'ils voyaient d'autres qui nous suivaient, ils ont mis leurs armes bas, s'en sont venus à nous tout tremblants d'effroi, nous criant : Banaré ! Banaré ! Bon Banaré ! Je me méfiais toujours de cette canaille ; je ne voulus point me laisser entourer d'eux. Toutes les femmes sont venues à nous avec des cuirs pleins d'eau avec des aziers dedans qui nous jetaient de cette eau au visage par plusieurs fois.

Je leur ai demandé de la cassave ; ils nous ont fait entendre qu'ils n'en avaient point ; ils nous ont apporté à manger du mil roti et d'autre en boulettes tant que nous en avons voulu. Nous nous tuions la tête à leur demander des vivres, mais ils n'entendaient pas ce que nous leur disions. Nous avons été dans un abatis, là où nous en avions vu la première fois que nous y étions allés, mais nous n'avons rien trouvé ; nous avons été visiter de tous côtés pour en chercher, mais inutilement ; il y avait un très bel abatis rempli de jeune, ils l'avaient tous arraché pour mieux découvrir quand nous reviendrions. Ils avaient arraché tous les aziers qui bordaient les chemins, coupé quantité de bois à leur degras et ils y faisaient la garde la nuit ; une manière de bâton de pavillon qu'ils avaient planté était tout peinturé de rouge et pointu par le bout. Nous avons été à notre canot : l'Indien qui le gardait, la peur lui ayant pris, il avait quitté le canot tout seul. Nous avons trouvé trois haches du roi aciérées (?) qui étaient pour le service. Ils sont les plus misérables du monde ; ils n'ont ni haches, ni serpes que des petits morceaux de fer qu'ils enchâssent au bout d'un bois attachés avec de la colle. Le bois de leurs abatis n'est que maché et non coupé ; pour couteaux, ils se servent de dents de gibier. Nous leur avons fait entendre s'ils n'avaient pas d'esclave pour des haches et des serpes. Ils nous ont amené un petit garçon que nous avons payé huit pièces de fer et autres traites. Nous avons été contraints de partir sans vivres, ne pouvant nous faire entendre après leur avoir donné une douzaine de couteaux, deux haches aux principaux et une masse de rassade distribuée à chacun. Je leur ai donné toute cette traite par rapport à leur plumage que nos gens leur avaient pris, desquels ils se plaignaient grandement, pour leurs paguaras qu'ils nous montraient vides faisant des lamentations. Ils montraient à un Indien de notre équipage que s'ils le pouvaient attraper, ils le couperaient par morceaux.

Dans le Cougary, à une journée du Yari, j'ai posé les armes du Roy [1]. Une journée avant que d'arriver chez les Armacoutoü, notre esclave est allé maron, qui était tout notre butin. Arrivé chez les Armacotoü à leur degras, c'était à qui courrait le plus vite pour apaiser notre faim. Nous avons été frustrés dans notre attente ; ils étaient à une demi-journée de là à leur nouvel abatis. Cela nous a bien affligés ; il nous a fallu attendre au lendemain jusqu'à midi pour manger. C'était la quinzième journée que nous n'avions plus de cassave.

Quand ils nous ont vus, ils se sont mis à fuir par rapport à deux de leurs gens qui nous avaient désertés qui avaient rapporté que les Namicouanes nous avaient tous tués. Nous avons resté dix jours chez eux pour nous remettre, car nous étions bien étiques. Le pauvre La Darée qui n'avait point de jugement mangeait à sa faim. J'avais beau lui recommander de ne point tant manger par rapport que nous avions tant souffert de la faim, il ne voulait pas entendre raison. Il est tombé malade ; il lui sortait de gros clous de tout le corps avec la fièvre, avec des Erezipairis. Nous avons été obligés de le quitter ne pouvant le soulager ; il s'y est résolu. Les Armacoutoüs étaient courts de vivres, nous ne mangions que de la cassave et du miel.

Nous avons parti de là le dimanche des Rameaux avec dix Armacoutoü qui portaient nos vivres de cassave et de miel. Après dix journées de marche, nous nous sommes rendus chez les Tazipis avec lesquels on m'avait ordonné de faire Banaré. J'ai fait Banaré avec eux de la part du Roi ; je leur ai donné un chapeau. Et, de là, j'ai pris un équipage desdits Indiens, et j'ai renvoyé les Armacatous chez eux avec des vivres.

Et, au bout de dix jours que j'ai employé à descendre des sauts, je me suis rendu à mon département. Le dit Ladarée, soldat de mon détachement que j'avais laissé chez les Armacoutoüs, malade comme je l'ai déjà cité, s'est rendu à Oyapock après y avoir demeuré un mois malade. Lequel m'a rapporté que les graines de cacao que j'avais lavées pour nous rafraîchir, les ayant jetées par terre, étaient de la hauteur de deux pieds.

1. « Sur un gros arbre d'un bois fort dur, à une journée de la rivière du Couyary en remontant sur la droite », d'après la lettre de M. de Charanville datée du 1er mai 1729. Arch. Nat. *Colonies* C[14] XIV, fo 100.

L'évêque Zumarraga et les idoles principales du grand temple de México
(1 fig.). — P. Rivet. Affinités du Miranya ; La famille linguistique Peba. —
De Charencey. Histoire légendaire de la Nouvelle-Espagne.

Tome IX (1912).

J. Humbert. Les origines et les ancêtres du libérateur Simon Bolivar. Les
Bolivar de Biscaye (8 fig.). — L.-C. van Panhuys. Les chansons et la
musique de la Guyane néerlandaise. — De Charencey. Histoire légendaire
de la Nouvelle-Espagne (suite et fin). — H. Alliot. Fouilles de Tyuonyi,
village préhistorique des Tewa, Nouveau-Mexique (E. U. A.) (3 pl., 1 fig.).
— Emile Wagner. Le rio Salado (mœurs et coutumes). — P. Rivet. Affinités
de Tikuna ; L'inauguration du monument de E.-T. Hamy (1 pl.). —
H. Vignaud. Americ Vespuce ; l'attribution de son nom au Nouveau-Monde.—
E. Guillemin-Tarayre. Le grand temple de Mexico (1 fig.). — E. Nordenskiöld.
Une contribution à la connaissance de l'anthropogéographie de l'Amérique ;
Etudes anthropo-géographiques dans la Bolivie orientale (9 fig.). — G. de
Créqui-Montfort et P. Rivet. Linguistique bolivienne : Le groupe Otukè.—
Capitan. Compte rendu du Congrès international des Américanistes.
XVIIIe session, Londres, 27 mai-1er juin 1912. — Raoul Wagner. La fille
de l'Esprit des Lacs.

Tome X (1913).

H. Vignaud. La question de l'antiquité de l'Homme américain. — F. Hestermann. Zur Transkriptionsfrage des Yagan (Feuerland). — M. Valette. Note
sur la teinture de tissus précolombiens du Bas-Pérou — C. G. Rickards.
Notes on the « Codex Rickards » (3 pl., 13 fig.). — H. Beuchat. L'écriture
maya (920 fig.). — M. Uhle. Die Ruinen von Moche (16 fig., 3 pl.) ; Zur
Chronologie der alten Culturen von Ica (18 fig., 2 pl.). — G. de Créqui-
Montfort et P. Rivet. Linguistique bolivienne. La famille linguistique Capa-
kura (1 carte) ; Linguistique bolivienne. Les Affinités des dialectes Otukè
(1 carte) ; Linguistique bolivienne. La langue Saraveka (1 carte). — A. Pec-
corini. Algunos datos sobre arqueología de la República del Salvador. —
L. de Hoyos Sainz. Crânes fuégiens et araucans du Musée anthropologique de
Madrid (7 fig.). — R. Verneau. Une nouvelle collection archéologique du
Mexique (3 pl., 5 fig.). — E. Sapir. Southern Paiute and Nahuatl. A study
in Uto-Aztekan. — A.-F. Chamberlain. Nomenclature and distribution of the
principal tribes and sub-tribes of the Arawakan linguistic stock of South
América (1 carte).

Tome XI (1914-1919).

H. Vignaud. L'américanisme et la Société des Américanistes. — A. Barnett.
Quelques observations sur le tissage des tissus péruviens (1 fig.) ; A propos
des cushmas péruviennes. — H. Bourde de la Rogerie. Lettre du curé de la
colonie française des îles Malouines. — G. de Créqui-Montfort et P. Rivet.
Linguistique bolivienne. La langue Mobima (1 carl.). — G. de Créqui-
Montfort, P. Rivet et H. Arsandaux. Contribution à l'étude de l'archéo-
logie et de la métallurgie colombiennes (3 fig., 9 pl.). — A. van Gennep.
Etudes d'ethnographie sud-américaine (3 fig., 2 pl.). — E. Guillemin-Tarayre. Le grand temple de México (8 fig.) ; Les temples de l'Anahuac (1 fig.).
— F. Hestermann. Die Schreibweise der Pano-Vokabularien. — Th. Koch-
Grünberg. Ein Beitrag zur Sprache der Ipuriná-Indianer (rio Purus, Brasi-
lien) (4 fig.). — H. Kunike. Die Phonetik der Karaiá-Sprache. — P. Radin.
The Relationship of Huave and Mixe. — H. Rochebaux. Les Indiens Tune-
bos et Pedrazas (5 fig.). — E. Sapir. Southern Paiute and Nahuatl ; a study
in Uto-Aztekan. — A. Schalk de la Faverie. La Révolution américaine et la
Révolution française. — M. de Villiers. L'établissement de la province de
Louisiane, poème inédit de Dumont de Montigny (3 fig.). — M. de Villiers
du Terrage et P. Rivet. Les Indiens du Texas et les expéditions françaises
de 1720 et 1721 à la « Baie Saint-Bernard » (2 cartes, 2 pl.). — P. Walle.
Les voyages, découvertes et aventures de M. Savage Landor au Brésil.

JOURNAL

DE LA

SOCIÉTÉ DES AMÉRICANISTES

DE PARIS.

SOMMAIRE DU TOME XII.

Les communications concernant la RÉDACTION doivent être adressées à M. le Dr CAPITAN, secrétaire général, ou à M. le Dr RIVET, secrétaire général adjoint, au siège de la Société, 61, rue de Buffon, Paris.

Chaque numéro se vend séparément 15 francs. — Abonnement d'un an : 30 francs.

MACON, PROTAT FRÈRES, IMPRIMEURS.